JN410429

이구락의 오행시편

이구락 시집

시인동네 시인선 190

이구락 시집

이구락의 오행시편

시인동네

시인의 말

나의 오행시는 오랫동안 서랍 속에 쌓여 홀로 낡아가고 있었다.

이제는 세상으로 흘려보내 자유롭게 떠돌게 해야 할 때가 된 것 같다.

떠돌다 어느 언덕 가시덤불에 걸려 다시 일어나지 못하더라도,

홀로 반짝이다 해가 뜨면 사라지는 이슬처럼 별처럼

그곳에 잠들어 좋은 거름이라도 되었으면 좋겠다.

2022년 11월

이구락

차례

제2부

제3부

제4부

제5부

제1부

매화꽃 멀미

가파른 언덕배기마다 우우우 몰려나와 아우성치던 매화

눈 덮인 지리산 흰 머리채 잡아당기더니

냅다 시린 강물에 패대기치며, 제 힘에 겨워 함께 뒹구는

이월의 마지막 날 대낮이렷다

부르르 몸 떨며, 어질어질 꽃멀미 하는, 저 섬진강

꽃댕강나무

열 살 때 울다가 안긴 옆집 누나의 젖가슴

살 냄새,

바람결에 불쑥 풍겨와

무심코 돌아보니

담장 가 꽃댕강나무 달빛 아래 하얗게 모여 있다

만월

달 속의 흰 토끼가 한가하게 새로 난 털 세어보고 있다*고?

저 둥근 달에 자루를 달면 좋은 부채가 되겠다**고?

가을밤 구름 사이 흘러가는 보름달 오래 바라보면

눈뿌리에서 환하게 올라오는 눈부신 통증은 또 어쩌랴

달빛 알갱이들이 밤새도록 온 들판에 와글와글 시끄럽구나

---

*두보의 「八月十五夜月」의 마지막 연 "차시첨백토(此時瞻白兎) 직욕수추호(直欲數秋毫)"

**야마자키 소오캉(山崎宗鑑)의 하이쿠.

노천탕에서

댓잎 오래도록 서쪽 하늘 쓸어놓으니

그 자리 별 하나 톡, 돋았다

박새 한 마리 갓 돋아난 별 쪼아 물고

대숲 둥지로 빗금 그으며 사라지자

새 새끼 이른 잠투정 소리 먼 우주로 번져나간다

지는 해

바닷가에 서서 지는 해 오래 바라본다

주위로 모여드는 채색 구름들 기립박수 받으며

서서히 수평선에 입 맞추는 저 해 보아라

수평선에 입술 닿는 순간, 우주와 내통하는 커다란 구멍 열렸다

오늘 밤 어느 별에서 귀한 손님 한 분 찾아오시겠다

구층암 모과나무 등신불

화엄사 각황전 흑매

구름처럼 피어나는 봄날이다

똑바로 서서 또는 물구나무서서 열반에 든

모과나무 등신불 친견하러

너불너불 섬진강 감돌아 구층암 간다

통도사 자장매

—탐매시(探梅詩) 1

영축산 통도사 영각 앞, 자장대사 닮은 한 그루 고매(枯梅)

한 해를 기다려 오늘 아침 환하게 불 밝혔다

새벽부터 찾아온 이들이 저마다 서둘러 카메라에 담아간다

그들이 간밤에 지은 죄의 무게만큼 마음 내려놓고 간 뒤

비로소 영각 안 부처님도 매향 공양 받으며 홀로 미간 붉히신다

금둔사 납월홍매
—탐매시(探梅詩) 3

갓 핀 홍매 한 송이와 그 옆의 꽃망울 두엇

동안거 마치고 막 세상으로 걸어 나온 선승 같다

긴 어둠 모진 추위 부둥켜안았던, 두려운 화두 빛이다

갠 눈 갓 녹아 눈물 머금은 듯 새로워라*던

납월홍매(臘月紅梅), 오늘은 마침내 나도 친견한다

---

* 청설초소숙루신(晴雪初消宿淚新): 신라 시인 최광유가 금둔사의 매화를 읊은 시 「납월매」의 한 구절.

산초나무 젓가락
—'동동(動動)' 풍으로

산초(山椒) 가지 공들여 다듬어 젓가락 만들었네

다듬는 내내 산초 향 코끝에 맴돌아 마음까지 몽롱하네

흰 블라우스 속 볼록한 젖가슴 훔쳐보며 산초 젓가락 건넸는데

무심한 그대는 옆 사람이 건네준 빨간 플라스틱 포크 입에 물었네

먼 산 흰 구름에 눈을 주며, 몰래 얼굴 붉혔네

낙화야, 낙화야

—하회 선유줄불놀이

마을 안고 도는 낙동강 물돌이동 부용대 위에서

오늘은 큰 불덩이, 낙화(落花)야! 소리치며 강물로 뛰어내린다

강변 솔밭 만송정 위로 내걸린 줄을 타고

한지에 싸인 뽕나무숯불 줄불 되어 다시 기어오른다

바람이 밤하늘로 숯막대 너울너울 뉘는, 불비 맞는 밤 뱃놀이여

영광 백바위

멀리 송이도 낙월도 각이도 아스라이 떠 있고

백바위 바닷속으로 뻗어나가며 갯바위 줄줄이 뿌려놓으니

사람들은 그 끝에 장난치듯 어설픈 정자 하나 얹어놓았다

백바위 풀무 불어 온 바다 끓이는지

칠산바다는 하루에 한 번씩 선혈로 펄펄 끓는다

침묵 한 덩어리

푸른 파도 밟고 흰 포말은 하늘로 올라선다

그러나 밟고 올라설 발판이 늘 마땅찮아서

성난 물방울로 남아 있지 못하는 마지막 눈물일 뿐이다

그 눈물에는 늘 뭉개진 분노가 자리하지만

마지막 커다란 침묵 한 덩어리가 역광의 황금빛으로 눈부시다

구절송 가는 길

딱따구리 독경 소리 빈 겨울 산에 딱따르르 울려 퍼지고

단산지 수면으로 노을 한 장 내려앉아 생각에 잠겨 있다

등 뒤 공산댐도 산그늘에 숨어 일찍 잠자리에 들었지만

전망 좋은 감태봉전망대엔 구절송(九節松) 한 그루 산신령처럼 서 있다

한 뿌리에 아홉 줄기, 서로 머리 맞대고 수군거리고 있다

저무는 강변에서

금강산 유람 끝에 지친 말 빌려 타고 고향 마을 들어서는

나그네처럼, 현홍들 위로 줄지어 들어서는 여객기들 고단한 불빛

긴 일몰 끌며 느릿느릿 대구분지로 들어선다

그 아래 황급히 대구를 빠져나가는 고속열차 차창의 환한 불빛 너머

빵 냄새 풍기며 모자를 벗는 사람들의 저녁이 찾아든다

정각산

삼박골 바드리산장 옥상에서 바라보는 정각산*

돌아앉은 치마바위도 슬쩍 보이고

그 아래 구천동에 가 머물면

정각산은 밤마다 치마바위로 내 잠을 슬쩍 덮어줄까

먼발치에서 바라보는 듬직한 능선이 꿈속까지 찾아온다

* 경남 밀양시 단장면에 있는 해발 860m의 영남알프스 권역의 산.

화전놀이

솔잎 위로 봄눈 여러 번 앉았다 가야

겨울이 비로소 끝나는 금성산 아래

다시 봄날은 흘러 소년은 궁금한 게 많아졌습니다

토담 기대어 꼬박꼬박 졸다 보면, 형과 누나들

날 잡아 금성산 깊은 골짜기로 화전놀이 갑니다

제2부

달빛 경전

겨울 산이 울면 눈이 내린다

겨울 산에 눈 내리면 밤이 길다

긴 겨울밤 눈에 갇혀 산사(山寺)는 열반에 들고

풍경 홀로 얼지 않고 밤새도록 염불 왼다

달빛이 눈 위에다 그걸 받아쓰고 있다

북행

자귀꽃 환한 북장암(北藏庵) 모퉁이 돌아 산문으로 들어서니

돌부처 하나 달려 나와 우리를 보고 맞절한다

늘 아무것도 얻지 못했던 하안거(夏安居)였지만

무릎 아래로 지나가는 바람은 멈칫거리면서도 또 빈방 하나 내어준다

큰물 지는 팔월이면 우리는 또 북으로 간다

수종사

두물머리 내려다보며 듣는

수종사 범종 소리는

무료 찻집 삼정헌에 앉아 들어야 제맛이다

종소리가 수평으로 날아가다 강물 위에 내려앉는 모습은

눈감고 보아야 제대로 보인다

사랑에게

지난가을 낡은 폐선처럼 기울어진

저 연밭 가에

밤새 연당(蓮堂) 하나 지어놓고,

물속 깊이 발 담그고도 물에 젖지 않는

아, 연잎처럼 외롭고 싶다

겨울 장고도에서

낮고 둥근 것은 강하다

작고 부드러운 것은 더욱 강하다

겨울 장고도, 사흘 낮 사흘 밤, 태풍 속에서

파도가 길길이 날뛸수록 모래밭 더욱 단단해지고

모래 속 개불의 잠은 더욱 아늑하다

이끼

시간당 일만 육천 명 통과시킨다는 철원 제2땅굴 속

석간수 졸졸 흐르는 갱도 흐린 조명 아래

이끼는 참 어여쁜 녹색 병정이다

남이든 북이든 산이든 강이든 아무 데서나 잘 자라는

이끼, 나도 이끼 같은 사람이 되고 싶다

봄의 화음

물오른 버들가지에 송알송알 맺혀 있던 샛노란 꾀꼬리

소리, 물 위에 동동 떠 있는 개구리 소리 위에 사뿐 내려앉는다

먼 산 뻐꾸기 소리도 배경처럼 안개오줌* 속에 스며든다

연못에 시나브로 내려앉는 송홧가루 위로

봄의 화음이 풀잎을 환하게 흔드는 봄날이었다

*안개오줌: '는개'의 방언(경남, 함북). 안개보다는 조금 굵고 이슬비보다는 조금 가는 비.

여름 화양동

밤이 되자 약속처럼 사랑산 위로 보름달 떴다

화양구곡 야영장 텐트 속에서 여자 하나 몰래 나와

달보다 더 흰 엉덩이 드러내고 뒷물한다

긴 화양동 굽은 물길 부르르 몸 떨며 무너져 내린다

바위에 부딪힌 물 낙영산 밤하늘로 별 튕겨 올린다

---

*충북 괴산군 청천면의 화양구곡은 북쪽 사기막리의 사랑산(647m)과 남쪽 사담리의 낙영산(684m) 사이를 흘러 달천을 이루어 괴산호로 흘러든다.

돌들이 모여앉아 강 걱정을 합니다

태풍이 왔습니다 큰비가 내렸지만 강물은 범람하지 않았습니다

태풍이 지나가자 강물도 순해져 한나절에 한 뼘씩 줄어들었습니다

4대강사업 덕분이라네요 하루에도 몇 번씩 물 빠지는 강가에 나가

천 년 동안 모래에 묻혔던 어여쁜 돌 하나씩 데려왔습니다

밤마다 돌들이 머리맡에 모여앉아 강 걱정을 합니다

칠평천 1

눈감아야 잘 보이는,

순한 여울물 소리 귀에 환한

안강 칠평천*

열 번 정도 가보니

이제는 그 강 다 읽을 수 있겠네

---

*칠평천(七坪川)은 경주시 안강읍을 관류하며 동쪽으로 흘러 형산강과 합류하며 하류에 안강평야를 펼쳐놓은 강이다. 평원석 산지로 유명하다.

칠평천 2

비 그치면 옥산천 거슬러 올라가

자옥산 쳐다보는 소나무 아래 서보거나

평원석 하두 개씩 쑥부쟁이 옆에서 해바라기 하는 곳 서성이면

아스라한 들판 끝에 앉아 쉬고 있는 먼 산 하나

물 빠지는 어느 굽이쯤에서 만날 수 있겠네

황여새 똥

직바구리 텃세에 쫓겨난 황여새

뽀얀 가슴털 바르르 떨며 산수유 붉은 열매 하나 따먹고

겨울 햇살 털어내며 예쁜 똥 한 덩이 누면

쳐다보던 가랑잎들 얼른 받아 감추어 버린다

빈 뜰에 향기로 번지는 황여새 똥 냄새

햇차 볶는 날

때죽나무 꽃잎 아래 햇차 볶는 지리산의 봄날

뻐꾹새 나른한 울음소리 따라와 옆에 눕고

법연골 오두막 에워싸는 고요가 한없이 깊어서

차향은 시냇물 따라 산 밖으로 흘러나가지 못하고 머뭇거리고

산 넘어오던 흰 구름만 노을에 발갛게 물들고 있다

야단법석

돌담에 기댄 노구 일으켜 세우며

늙은 매화가 내보인 빛깔이다

선홍의 저 화엄 세계는 어디서 왔는가

혼자 졸던 동백이 구경삼아 내다보는, 화엄사 흑매

봄날 노고단 아래서 벌어지는 한때의 야단법석

화엄사 흑매 아래서

이끼 낀 돌담이 감추고 있는 그늘의 완강한 빛에 기대어

늙은 매화 굽은 허리 펴며 각황전과 원통전 사이에서 잠시 난감해한다

맨 아래 가지가 원통전 쪽으로 손 내밀며 다가갈 때

지나가던 바람 한 줄기 다가와 매향 낚아채 사자탑 속에 감춘다

각황전 추녀 끝에 높이 매달린 풍경이 뒤늦게 알아채고 댕그랑 붉게 운다

매괴장미

다산(茶山)도 자식들에게 절대 한양을 벗어나지 말라고 신신당부했지만

'인 서울 아니면 모두가 루저다'란 시쳇말이 어찌 섬뜩하지 않으랴

무명 순교자 14인 묘 올려다보며

겸손한 자세로 팔 모으고 서 있는, 겹겹의 붉은 꽃잎 매괴장미*

품은 속뜻 감추고 향기만 매산 고갯마루에 흩뿌리고 있다

---

* 매괴장미: 충북 음성군 감곡면의 감곡매괴성모순례지의 장미. '매괴(玫瑰)'는 중국어로 장미꽃이라는 뜻인데, 가톨릭에서는 로사리오(rosario) 즉 묵주기도를 의미한다.

제3부

가을 동화

남몰래 한 송이 그리움 꽃피워

날마다 설레는 새 아침 맞이하다가

밤 강물 소리 나직이 흐느끼는 이 가을

강을 건너는

목덜미 보오얀, 너의 뒷모습

숨어 있는 절

여름 한낮 한껏 부풀어 오른 팔공산 능선 타다

숨어 있는 절 한 채 내려다보여,

하안거(夏安居) 든 자태 하도 이뻐 보여,

다가가 어깨 툭 쳐 말 걸어보고 싶어, 취한 듯 홀린 듯

오래된 경전 같은 숲길 더듬어 내려갔다

달빛고속도로

고속도로 풍경은 산이 너무 가까우면 답답하고

산이 너무 멀면 운전하기 지루하다

달빛고속도로*는 가야산 지리산 추월산, 그사이 산들도 적당히 물러나 있어

넉넉한 창밖 풍경 늘 즐기면서 운전할 수 있다

우리도 이제 이런 이쁜 이름의 고속도로 하나 가졌구나

---

*광주대구고속도로(광대고속도로)의 다른 이름이나 달구벌(대구)과 빛고을(광주)의 첫 자를 딴 것인데, 양 지방자치단체가 합의한 이 아름다운 명칭을 가당찮은 이유로 정부(국토건설부)가 허용하지 않다가 양 지역의 민원이 들끓자 함께 써도 좋다는 어정쩡한 태도를 보이고 있다.

아무렇게나 세상에 나온 빛깔은 없다

산뜻한, 노란 치마에 검은 블라우스 갖춰 입은 아가씨

세련된, 붉은 무늬 원피스에 자주색 스웨터 걸친 중년 여인

개나리 목련 피어나 눈부시게 화창한 강둑 산책로의 환한 풍경이다

그렇구나, 아무렇게나 세상에 나온 빛깔은 하나도 없다는 듯

생명 가진 모든 것들에 경배 드리는 봄날이여

가을 산

덤불 속 참새들과 계곡물 해종일 종알종알 다툰다

물가에서 귀 멍멍해진 붉나무

엉겁결에 우듬지의 잎들 모두 내려놓는다

지나가던 흰 구름 다가와 슬쩍 이마 짚어보고는

괜찮다는 듯 뒷짐 지고 산을 넘어가 버린다

달을 찌르는 솔잎

적송의 우듬지 새로 자란 솔잎이 달의 옆구리 자주 찔렀다

그때마다 보름달은 조금씩 구름 사이로 옮겨 앉고

바람이 지나갈 때마다 우리도 자주 달 보며 건배했다

휴대폰 불빛이 빈 소주병 속 파랗게 밝히는 자정쯤 되니

아, 술상에 기대 잠든 고단한 친구 얼굴이 보름달이었다

개심사 청벚꽃

개심사 돌계단 옆 능수벚나무

초파일 기다려 꽃 피우려다

요실금처럼 아랫도리에 찔끔 흘려버린, 연둣빛 첫 청벚꽃 몇 점

어쩔거나,

이 봄날 숨 막히는, 저 아찔한 화두!

다시 개심사 청벚꽃

서해 갯바람 느린 걸음으로 올라와 곤히 잠드는

봄 개심사 거울 연못 물 그늘 속

반개한 눈으로 와선에 든 능수벚나무 앉아 있다

상왕산 아찔한 허공이 종일 반사판 들고 서서 공양 중이다

더는 외면할 수 없어, 뭉클, 청벚꽃 첫 송이 벙근다

잠복근무

등산로 따라 내려온 산, 도시로 숨어든다

돌자갈 몇 알도 함께 숨어든다

튀는 돌자갈에 허리 다친 변두리의 강아지풀 싣고

사이렌 소리 요란하게 구급차는 사라졌다

샛길에 숨어 잠복근무하던 산 하나도 함께 사라졌다

막차

지하철 막차는 왜 늘 종점까지 가지 않는가

마지막 술잔의 유혹 물리치고 일어섰으면 좋았을 것을

술값 내고 나니 택시비도 모자라고,

비틀거리며 30분이나 걸어갈 일 생각하니 눈앞이 캄캄하다

다음에는 맹세코 눈먼 우정은 거절해야지

봉원석
—한국인 열전 2

SBS 주영진 뉴스브리핑 보다가 만난

해맑은 미소년 같은 청년의 이름, 봉원석

서울지하철 4호선 후방기관사인 그는

—걱정은 열차에 두고 내리세요

감성 가득한 안내방송 매일 승객들에게 선물한단다

여름 소나기를 보며
—정숙에게

빗물 속 숨은 불끼리 부대끼며 포효하는* 여름 소나기라니?

화단가 맥문동처럼 나도 그 소나기 발가벗고 온몸으로 맞고 싶다

그 장대비 발가벗은 내 갈비뼈에 와 꽂히면 내 뼈도 새삼 자랄까

절절한 기도가 어찌 무능력한 자신을 감추는 일인지는 잘 모르겠지만

역신을 물리친 처용무가 이 땅의 어머니들이 흘린 눈물이었구나

---

*정숙 시집, 『연인, 있어요』 p.88, 「어머니의 승무」 첫 행.

베네치아 점묘 1

베네치아 하늘에 높이 솟은 산마르코 종루 위로

이따금 무리에서 빠져나온 갈매기 한두 마리 지나가는 하오,

선착장 부교 그늘에서 쉬고 있던 물비늘은

물밑에 박힌 나무기둥 뿌리의 안부도 염려되지만

세상 모든 심심한 것들의 안부가 궁금해 더 자주 몸 뒤척이고 있다

베네치아 점묘 2

카사노바 고향답게 베네치아의 골목들

늘 젊은 여자들의 종아리 쪽에 코를 박고 있다

바포레토 들쑤시고 지나다니는 대운하 옆 골목은 뜻밖에도 참 조용하다

아드리아해 물빛 닮은 빨래의 그림자 수면에 어룽거리고

가까이서 낡은 벽돌 한 장 툭 떨어지는 소리 들린다

베네치아 점묘 3

곤돌라에 갑자기 머리 부딪친 운하의 물

3층 창문턱 위까지 윤슬 쏘아 올린다

변두리 지오바니 댁 현관 계단 아래 혼자 놀던 파도

옆집 보트 밑창에 낀 이끼에게 끊임없이 투덜대고 있다

갓 핀 베란다의 제라늄 가만히 내려다보고 있다

아라홍련

아라홍련[*] 신비한 빛 친견하려고 함안 연꽃단지 무작정 찾아갔네

홍련 닮은 볼 붉은 아가씨 불쑥 내미는 카메라 받아들고

연밭 배경으로 사진 찍어주고 돌아서니

연향 묻은 바람은 초여름 햇살 속에 익어가고

이천 년 건너온 홍련이라서, 칠백 년 푹 잔 붉은빛으로 눈부셨네

---

*아라홍련(阿羅紅蓮): 2009년 함안 성산산성 내 연못 발굴 때 연씨 10알이 수습되어, 7백 년 전(방사성 탄소 연대측정 결과)으로 측정되었다. 2010년 처음 꽃을 피웠고, 2011년 5월 시배지를 조성하였다. 현대의 연꽃보다 더 날렵하고 가녀린, 옛 한국 불화(佛畵) 등에서 보이는 우아한 선홍색 자태로 사랑받고 있다.

제4부

첫눈

산으로 올라간 길 하늘로 들어가고

구름 대문 열고 하늘로 들어가고

뒤따라가던 길 하나 머뭇거리다 계곡으로 숨어든다

이슥고, 오래 잊힌 기별인 양

하늘에서 첫눈이 내려왔다

새벽 동행

새소리 시끄러워 일찍 일어나 새벽 등산 간다

개 건너 식당 토요(土謠)의 보리와 흰둥이가 따라나선다

사냥개 본능이 있는 보리는 늘 앞장서서 두 귀 쫑긋 주위를 살피고

흰둥이는 제 어미와 나를 졸졸 따르며 천방지축 날뛴다

나는 그들 모자에게 간밤에 쓴 문장을 끊임없이 들려주느라 바쁘다

오이식탁

금호강둑 안심도서관 옆 율하휴먼시아 10단지 끝에

새로 생긴 예쁜 가게 이름이다

주인 아가씨는 스물세 살, 하루 종일 오이에게 줄 밥을 만든다

오이는 한 번도 보지 못한 그녀의 애완견 이름

개의 전성시대, 오이는 오이에서 만든 오이 밥만 먹는단다

운흥사 산벚꽃

산벚나무 설법 들으러 운흥사(雲興寺)* 간다

최정산 안개 내려와 삼배 드리고

고양이 발걸음처럼 몰래 오던 봄비도 소리 내어 청법가 부르는

운홍 운홍, 구름일 듯 만개하여, 산문 밖으로 흘러나가는 저 환한 말씀

산벚나무 설법 들으러, 봄이면 운흥사 간다

---

*대구시 달성군 가창면 오리의 최정산에 있는 사찰. 대웅전 앞 150년 수령의 두 그루 산벚나무로 유명하다.

순영문방구

남자 같은 여자가 남편이고, 여자 같은 여자가 아내인

황금아파트 순영문방구

부부는 늘 동네 아이들의 왕 대장이었다

남편은 퉁명스런 말투에 힘쓸 일만 골라 하는 아버지였고

아내는 나긋한 말투에 잔소리까지 심한 어머니였다

봄, 내도에서

물빛을 읽을 줄 아는 어부가 되고 싶은 섬 소년이

염소 옆에 서서 바닷속을 살피고 있다

바닷속 물굽이까지 슬쩍 들여다보이는 참 좋은 각도다

물빛은 한순간 부드러운 담녹색으로 변하며 수면을 잘게 접었다

바람과 햇살이 섞이며 해금강 쪽 바다가 환하게 밝아졌다

관매도

관호마을 재 넘어 장사꽁돌은 너무 심심하다

오늘도 할미중드랭이굴 자궁 속을 들락거리는 귀기 서린 바닷물에

손 한번 담가보지 못하고 혼자 놀고 있다

우실* 만들어 신들이 함께 살도록 한 지혜로운 섬이지만

매화 떠난 후 방아섬 남근바위도 몰래 뒤꿈치 깎으며 키를 낮춘다

*우실은 재냉기(재 너머에 부는 바람)로 농작물의 피해가 많은 곳에 돌담을 쌓아 바람을 막고, 피해를 최소화하여 마을의 재앙을 막았던 시설이다.

감은사지에서 1

두 탑 설핏 시야에 들어온 듯하더니

기다린 듯 눈보라 앞을 가린다

가까스로 계단 올라 석탑 앞에 서니

눈보라 속에서도 탑은 아랫도리도 젖지 않았다

눈의 마음과 탑의 마음이 저토록 다른 곳을 향할 줄이야

감은사지에서 2

눈밭에 발 깊이 묻고 두 탑 마주 서서

대종천 너머 서천에 돋아난 별과 교신 중이다

아장거리며 도솔천의 얘기 수신하고 있는 저 성마른 별들

천 년 전부터 탑을 돌며 빌던 사람들의 마음과 섞이며

밤마다 지상으로 내려와 저토록 들끓고 있었다니

매지리 양안치 임도에서

개다래 혼인색이 흰 페인트 뒤집어쓴 듯 요란하고

그 아래 보랏빛 산수국 기죽지 않고 모여 수군댄다

모롱이마다 몰려나와 손 흔드는 망초꽃 뒤에 숨어, 하얀 까치수염도

박경리토지문화관 붉은 지붕 내려다보고 있다

숲을 이룬 적송 사이, 길은 뱀처럼 길게 누워 몸 말리고 있다

길

길 끝에는 산이 있고, 길 끝에는 강이 있다

길 위에는 사람이 있고

사람과 사람 사이에도 길이 있다

길은 늘 직선을 꿈꾸지만, 언제나 굽은 길이 더 아름다워서

앞서가던 길은 또 슬그머니 샛길을 흘려놓는다

도솔암

용담까지 내려가다 뒤돌아 쳐다보니

암자와 고목과 돌담은 서로 한 치의 부족함도 없는

균형으로 제자리를 지키고 있다

누가 돌 하나를 빼면 암자도 나무도 와르르 무너질 것 같다

도솔암은 다시 머리 위에 구름 한 장 끌어다 덮고, 긴 와선에 든다

칠보산 가는 길

연어처럼 물의 길 거슬러 올라간다

폭포 지나, 서로 뿌리 움켜잡고 길을 막는 산죽밭 지나

함박꽃 아래 놓인 징검다리에서 계곡은 나를 버린다

물소리 끊어지자 길은 환한 적막강산 열어 하늘로 올라가고

칠보는 바위 속에 숨고 다시 구름으로 가려 버린다

지죽도에서

고흥반도 외진 섬 지죽도 금강죽봉 아래까지 가서

재 넘어가 한나절 혼자 놀다 온 적 있다

바위 사이 깊은 절벽으로 치솟는 파도 너무 무서워 돌아섰지만

어느새 바다는 부풀어 올라 발목을 삼키고, 길은 해무로 지워버렸다

내 손도 잘 보이지 않게 되자, 문득 먼 십이동파도가 떠올랐다

난청, 소리의 탑

불 끄고 누우니 옆방에서 코 고는 소리 들려온다

오래 듣고 있다 문득, 옆방에는 지금 사람이 없다는 게 생각났다

다시 들으니 풀벌레 소리다

찌르르르 찌르로르, 뀌뚤귀뚤, 찔리라리 찔리리리, 찌찌찌찌

풀벌레는 내 가슴에다 소리의 탑 쌓고 있었다

알람브라, 처형당한 사이프러스 나무
—헤네랄리페 별궁 술타나의 중정에서

〈살라브〉가 '출구'라는 뜻임을 모르고 부끄럽게도, 거쳐온 알 카사바 쪽

먼 하늘 바라보며, 너의 다른 이름으로 착각했다 죽어서도 눕지 못하는

너의 박제된 몸뚱어리 어디쯤 숨어서, 비운의 연인은 입 맞추었을까

물의 정령들이 속삭이며 불멸을 노래하는 사이,

술탄의 노기 띤 수염이 그라나다의 빛나는 햇살을 튕겨내는 동안

제5부

봄날의 아다지오

오랑캐꽃 톡! 불거져 나온 봄날 아침

산책길 쪼그려 앉아 가만히 들여다본다

오래 잊고 있었지만 지워지진 않았던,

한 점 흰 그늘로 남아 있는, 낡은 그리움 하나

아, 참 잘도 보인다

정취암 분청 안개

출타한 스님은 오래 돌아오지 않았다

솔숲에 든 안개는 홀로 귀얄기법의 분청사기 빚으며 놀다

법당 뒤 쌍거북바위 위 까마득한 허공에서는

덤벙기법으로 세상을 평정하고 있었다

이윽고 돌아온 스님 눈썹에 안개의 이빨 파랗게 반짝인다

봄바람은

봄바람은 먼저 와 도다리쑥국 속에 잠든다

봄바람은 홍어보리앳국 맛보러 숟가락 들고 미리 와 앉아 있다

봄바람은 아지랑이 앞세워 냉이된장국 끓는 산골 부뚜막 곁불 쬐며 자분다*

허기 때운 봄바람은 동백꽃 떨어진 자리만 찾아다닌다

오지 않은 봄과 이미 지나간 봄 사이에서, 봄바람은

* 자분다: '졸다'의 경상도 방언.

글을 낳는 집 1

세설원*은 혀를 씻고 말을 씻어 글을 낳는 집이다

종일 말을 하고 맛을 보느라 수고한 혀를 위하여

온종일 종종걸음 치는 안주인 치맛자락에선 늘 휘파람 소
리 나고

뒷산 난초밭에서 내려온 바람처럼

목소리엔 늘 적송과 편백나무 향 묻어 있다

---

*담양 용대리에 있는 문학 레지던시 〈글을 낳는 집〉의 다른 이름으로, 적송 숲 아래 지하 148m에서 뽑아 올린 석간수로 산과 들, 바다에서 나는 2백여 가지 산야초 발효효소를 담그는 곳이다. '세설(洗舌)'이란 효소를 통해 현대인들의 체질을 바로잡고, 말(글)을 통해 영혼을 치유한다는 의미를 담았다.

글을 낳는 집 2

저녁 숟가락 놓자마자 세설원 벤치에 나와 앉아

누구는 찻잔 들고, 누구는 담배 물고

산바래기* 위 얼굴 내민 개밥바라기별 바라본다

앞 도랑물 소리 점점 또렷해질 때까지

종일 글 한 줄 쓰지 못한 이는 아무 말이 없다

---

*마을 앞산을 일컫는 전라도 방언.

삼월 교정 잔디밭

파랗게 물오르기 시작하는 삼월 교정 잔디밭

까치 한 마리 내려앉아 긴 꽁지 까딱거리며 거닐다가

아이들 글 읽는 소리에 고개 갸웃 생각에 잠긴다

지켜보던 나도 어느새 까치처럼 고개 모로 꼬고 생각에 잠긴다

까치와 나의 명상을 하늘에서 누군가 내려다보고 있다

두루미의 명상

긴 목 빼 들어 앞산 한번 오래 쳐다본다

다시 목 천천히 앞으로 내밀며 슬로비디오로 한 발 내딛는다

한참 골똘히 명상에 잠겼다가 생각난 듯, 벼포기 사이 머리 집어넣어

미꾸라지 한 마리 찍어 물고 하늘로 긴 목 늘인다

순간, 은빛 부리가 털어내는 칠월의 우아한 햇살 한 줌

개밥바라기별

아버지보다 한 걸음 앞서 마당에 들어선 어머니

머릿수건 벗어 온몸에 묻은 흙먼지 탁탁 털어내고

제일 먼저 하는 일은 온종일 집 지킨 누렁이 밥 주는 일이다

어머니 늦은 저녁 숟가락 위에 개밥바라기별 떠오르고

설거지 끝내면 비로소 집 앞 도랑물 소리 또렷해진다

별하에게

—첫 손녀 돌잔치에 부쳐

한 생명의 탄생은 한 우주가 새로 열리는 것,

이름처럼 별하는

어느 별에서 1년 전 우리를 찾아온

신비로운 한 우주다

삼밭에 난 쑥*처럼 쑥쑥 자라 저절로 반짝이는 별이 되거라

---

*마중지봉(麻中之蓬). 좋은 환경에서 자란 사람은 그 환경의 영향을 받아 선량해진다는 의미이다.

광주극장

광주에는 80년 된 광주극장 있다

건달 불량배 소매치기 주정꾼 싸움패 무료입장객 등쌀에

1960년대엔 기도*가 있었다

오늘 금남로 촛불집회 마이크 소리

기도 없으니 몰래 극장 안으로 스며들어 빈자리 가득 채우고 있다

* 기도(木戶): 극장 정문을 일컫는 일본말. 극장 내부의 질서유지와 정문에서 표 받는 일을 '기도본다'고 했다.

덤블링 트리

온종일 모하비사막 건너와

콜로라도 강기슭 하라스리플린 호텔에 누우니

덤블링 트리*가 굴러와 내 잠을 둘러싼다

마법에 걸린 왕자처럼 우거진 덤블링 트리 속에 갇혀

오래도록 내 잠은 깨어나지 못하리라

*'텀블위즈(Tumbleweeds)'의 다른 이름. 물기를 만나면 실뿌리를 내리고 살다가 습기가 없어지면 뿌리를 버리고 바람에 굴러다니다 다시 물을 만나면 뿌리를 내리는 사막의 식물. 건초더미의 모습으로 죽음의 냄새를 풍기며 필사적으로 살아간다.

삿포로 가는 길

대한해협 건너 일본열도 점검하며, 삿포로 간다

열도가 남쪽부터 또르르 말리며 따라온다

센다이 지나자 이와키* 설산 보인다

저 멀리 홋카이도는 한 마리 가오리 되어 북으로 헤엄쳐 올라가고

아이누의 땅은 감았던 눈 스르르 뜨고, 슬픈 꼬리 흔든다

---

*이와키 산(岩木山,1625m): 일본 아오모리현 히로사키시 쓰가루 평야의 중앙에 우뚝 솟아 있는 원추형 화산. 흔히 '쓰가루 후지'로 불리는 일본 100대 명산 중 하나이다.

융플라우

장난감 같은 알프스 산악열차 바꿔 타며 융플라우 오른다

산장에서 먹은 한국산 컵라면에 곁들인 소주 덕에 한껏 홍이 올라

눈물 그렁그렁 맺힌 아내의 얼굴 보지 못했다

전망대 창밖으로 스키 신고 걸어가는 사람들의 긴 발자국 눈으로 따라가며

속수무책 아내의 고산병이 가라앉기를 기도했다

유로스타 밤 기차

이틀간 잘생긴 영국 여인만 보았으니 당연히 영국 소녀인 줄 알았다

프랑스 소녀였구나, 카트리느 드뇌브 닮았지만 더 이쁜

이브 몽땅의 프랑스말보다 더 빠른, 무릎 맞대고 앉은 소녀들의 대화

유로스타 밤 기차는 바다 밑을 지나며 장난처럼 국경을 넘는다

남자는 여자를 유혹할 권리가 있다*는 목소리 꿈속처럼 감미롭게 들려온다

---

*프랑스 문화예술계 여성 100명이 '미투 운동이 과도하다'는 공개편지를 프랑스 일간지 《르몽드》에 실었을 때, 여배우 카트리느 드뉘브가 한 말이다.

대리고성에서

잠에서 깨어 얼하이호에 얼굴 비춰보며 단장하기 바쁘더니

창산은 흰 머리 긴 손가락으로 빗어 넘기며

다시 옥운대* 구름허리띠 밀어 올리며 눈빛 그윽해지는 동안,

쿠빌라이 칸**의 말들이 달밤에 숨죽여 몰래 넘어온 후

아, 대리국은 얼하이호에 철퍼덕 누워 천년의 잠 속에 들었다

*옥운대(玉雲帶): 중국 운남성 대리의 창산 중턱의 길 이름.
**쿠빌라이칸(Kublai Khan): 칭기즈칸의 손자. 중국을 정복하여 원(元)을 건국하여 초대 황제가 된 인물.

구름 위의 산책
—운남시편 1

해발 오천 미터 훌쩍 넘어선 두 설산 사이

사냥꾼에 쫓기던 호랑이가 잠깐 뒤돌아보며 혀 날름 내밀고는

아나, 요 있다! 냉큼 건너뛰어 도망갔다는 호도협(虎跳峽)

나시객잔 열세 살 처녀 증밍은 협곡으로 쏟아지는 별을 안고 자다

어젯밤 그만 폭죽처럼 초경이 터져 버렸다

해설

사물의 생기와 역동성, 그 우주적 비의

손진은(시인)

1. 5행시, 장르를 위한 시인의 도전

이구락 시인이 이번 시집을 내면서 '오행시편'이라는 명칭을 들고 나왔다. 그것은 시인이 5행시라는 장르에 도전하여 성취를 이뤄냈다는 의미이다. 첫 시도부터 자그마치 20년의 결실이고 보면 그의 5행시에의 고투가 얼마나 치열하고 내공은 또 얼마나 탄탄한지 미루어 짐작할 수 있겠다.

우리의 정형시는 일찍이 신라의 향가에서부터 발원했다. 일반적으로는 4구체와 8구체, 10구체로 나누지만 향가는 한자의 음과 뜻을 빌려 우리말을 차용한 향찰 표기로 인하여 언어가 주술성과 신비감, 깊은 서정의 어배음 거느리고 있다.

독자들의 개입 여지가 무궁무진한 장르라는 특징을 거느린다. 시조의 경우는 단수는 초, 중, 종장 3구체이므로 결국 3행시라 할 수 있다. 다만 더 깊은 세계를 펼치기 위해서는 여러 수로 나누어 전개하는 등 확장의 여지가 충분하다. 현대시로 넘어오면 김영랑과 강우식, 박희진 등에 의해 '4행시'의 장르화가 시도되었고, 특히 김영랑의 시에서는 의도적인 호음조(好音調)·음성상징(音聲象徵)·압운법(押韻法)을 사용하여 음성 구조와 의미 구조 사이의 조화와 긴장을 통한 창조적 리듬을 달성하기도 했다.

현대시에서 아직 의도적인 '5행시'를 주장한 경우는 없다. 5행시라는 개념을 의식하지 않고, 쓰다 보니 결과적으로 5행시가 된 작품들이다. 서정주의 「동천」, 정호승의 「하늘의 그물」 등 시상을 압축하고 리듬을 살리는 과정에서 뛰어난 5행시가 나오기도 했다.

한시의 5언 또는 7언의 절구나, 3행 17음절(각 행 5, 7, 5)로 구성된 엄격한 정형시인 일본의 하이쿠도 정형시의 장르화를 이룬 좋은 예다. 기승전결이나 두함경미는 한시의 엄격한 형식미로 발전해왔고, 하이쿠는 4계절 중 어느 한 계절을 암시하는 객관적 묘사에 국한되었다가 가능한 한 가장 적은 단어 수로 더 많은 것을 표현하고 암시하는 예술로 남게 되었다. 서양의 경우 12행의 소네트가 대표적인 정형시다. 또한 '세비야나(sevillana)'는 스페인 세비야에 전승되어 온 4분의 3박자의 민요 또는 무용으로, 가사는 보통 5행시로 되어 있기도 하다.

이런 와중에 이구락이 오행시편을 들고 나왔다. 수록시만 80편, 적은 숫자가 아니다. 이구락의 5행시는 기존의 정형시와 구별되는 점이 있다. 가장 뚜렷하게 보이는 점은 한 행의 길이를 제한하는 것이 아니라 시상의 흐름에 따라 자연스럽게 밀고 당길 수 있게 함으로써 독자적인 개성과 호흡을 유지하고 있다는 점이다. 이 점이 긴장감과 여운을 주어 시의 역동성도 살린다. 이외에도 그의 5행시는 복잡하지 않은 구조, 자기 호흡을 실은 개성적인 문체, 흔들리지 않는 정연한 초점을 그 특징으로 거느리고 있다. 그러면서도 가끔은 시적 여백이 몇 가지 해석의 여지를 열어놓고 있다. 이는 애매성과는 일정한 차별성을 가지는 것으로 미지의 영역을 거느리는 향가의 미학을 닮았다. 또 시의 전개상으로는 기승전결의 원리를 원용한다는 점에서 한시와 맥이 닿아 있다. 다만 5행이라서 언어의 운신이 더 자유롭고 주제성을 강화하기도 더 편하다는 이점이 있다. 시인은 주로 다섯째 행만 고정시켜 놓고, 나머지는 자유롭게 풀어놓아 '승'이나 '전'을 2행으로 하거나, 드물게는 '기'를 2행으로 늘여놓고 전개하는 시도를 한다.

이번 시집의 대부분의 시편들이 길에서 만나는 풍경과 체험의 승화로 창작된 것이다. 5행시라는 단시의 특성상 그것을 다루기에 가장 잘 맞는 제재와 내용은 여행에서 만나는 풍경 속에 놓인 비의라고 생각된다. 국내외를 막론하고 그는 끊임없이 걷는 과정에서 시를 생산한다. 그에게 여행이란 일상의 정태성을 벗고 사물과 풍경 속에 놓인 생의 진실을 찾아가는 과정이다. 말하자면 길 위의 삶, 혹은 여행은 시인의 몸의 감각을 일깨워주고 삶의 정체성을 찾게 해주는 과정이다. 시인은 길이 왜 우리를 꿈꾸게 하는가를 미간을 모으고 골똘히 짚어보면서 장소가 계시해주는 깨달음에 감각이 열릴 때까지 기다린다. 이 과정을 통해 우리는 여행에서 체득한 실천적 경험이 어떻게 시인의 의식을 갱신시키고 상승시켜 주는가를 구체적으로 알 수 있을 것이다.

2. 감각의 중첩이 이루는 사물의 생기와 우주적 비의

이구락의 5행시에 있어 사물과 자연, 우주는 모두 살아있는 존재로서 움직인다. 자연은 그대로 있고 자아의 정서가 일방적으로 투영된 것이 아니라 인간과 자연, 나아가 우주가 불이(不二)의 관계를 유지하고 있다. 이런 점에서 이구락의 시들은 사물의 기운, 신령과 나의 마음이 하나로 만나는 데서 성립하는 특징을 지닌다.

두물머리 내려다보며 듣는

수종사 범종 소리는

무료 찻집 삼정헌에 앉아 들어야 제맛이다

종소리가 수평으로 날아가다 강물 위에 내려앉는 모습은

눈감고 보아야 제대로 보인다

—「수종사」 전문

“종소리가 수평으로 날아가다 강물 위에 내려앉는 모습”이라는 4행의 시각적 이미지가 만져질 듯 새롭다. 그러나 그 감각은 여러 요소의 착종으로 이루어진다는 데 유념할 필요가 있다. 감각의 흐름의 경계선(“두물머리”)에서 아무런 생각 없이 ‘공’(“무료 찻집”)으로 들어야 하며, 그것도 “눈감고 보아야” 하는 역설의 세계를 통해 개화한 것이다. 이런 비의가 이 시를 단순한 이미지즘의 시를 넘어서게 한다. 감각의 분할과 통합을 통한 새로운 미의 창조는 아래 시에서도 드러난다.

물오른 버들가지에 송알송알 맺혀 있던 샛노란 꾀꼬리

소리, 물 위에 동동 떠 있는 개구리 소리 위에 사뿐 내려
앉는다

먼 산 뻐꾸기 소리도 배경처럼 안개오줌 속에 스며든다

연못에 시나브로 내려앉는 송홧가루 위로

봄의 화음이 풀잎을 환하게 흔드는 봄날이었다

—「봄의 화음」 전문

첫 행부터 공감각으로 출발한다. "꾀꼬리 소리"가 "물오른 버들가지에 송알송알 맺혀 있"는데, 그것이 샛노랗다는 것이다. 청각이 촉각과 결합하여 다시 시각을 만들어낸 양상이다. 2행은 소리("개구리 소리") 위에 소리("꾀꼬리 소리")가 포개지는 형국이다. 1, 2행이 전경(기)이라면 배경으로 "먼 산 뻐꾸기 소리" "안개오줌 속에 스며든다"(승). 그 위에 시차를 두고 조금씩("시나브로") "송홧가루"가 내려앉고(전), 앞의 꾀꼬리 소리, 개구리 소리, 뻐꾸기 소리, 송홧가루가 만드는 봄의 화음이 한 포기 "풀잎을 환하게 흔"든다(결)는 것이다. 수많은 감각의 중첩으로 이루어진 수많은 인연이 작은 풀잎 하나를 키운다는 인식, 인연생기(因緣生起)가 이 시에는 있다. 이렇듯 작은 몸은 그 자체로만 존재하지 않는다. 우주와의 작용으

로 생성되고 성장한다. 다음의 시는 사물과 생물, 우주가 몸나누기를 하는 비의를 직관적으로 그려낸다.

댓잎 오래도록 서쪽 하늘 쓸어놓으니

그 자리 별 하나 톡, 돋았다

박새 한 마리 갓 돋아난 별 쪼아 물고

대숲 둥지로 빗금 그으며 사라지자

새 새끼 이른 잠투정 소리 먼 우주로 번져나간다

—「노천탕에서」 전문

댓잎이 서쪽 하늘을 쓸어놓은(기) 자리에, 별 하나가 돋아난다(승). 댓잎이라는 사물이 천체에 참여하는 양상이다. 그러나 그 천체란 것이 먼 것이 아니라 지상의 생명이 잡을 수 있을 만큼의 거리에 있다. 그 사이 "박새 한 마리 갓 돋아난 별 쪼아 물고" "대숲 둥지로 빗금 그으며 사라"진다(전). "쪼아 물고"와 "빗금 그으며"는 대지와 우주 사이, 상승과 하강의 순간성을 나타내는 동작이다. 놀라운 것은 댓잎과 대숲이 등장한다는 것이다. 그러고 보니 대숲의 댓잎은 어머니 대지모신이고, 그가 자식인 박새와 새끼를 위하여 하늘을 쓸어놓았다는 인식에 이르게 된다. 다시 "새 새끼 이른 잠투정 소리"가 "먼 우주로 번져나간다"(결). 박새와 별, 박새 새끼와 우주, 대숲이 키우는 생명들이 우주와 연속적으로 교신하는 과정을 비의적으로 그리고 있는 시다. 그것은 인간이라고 예외는 아니다.

> 밤이 되자 약속처럼 사랑산 위로 보름달 떴다
>
> 화양구곡 야영장 텐트 속에서 여자 하나 몰래 나와
>
> 달보다 더 흰 엉덩이 드러내고 뒷물한다
>
> 긴 화양동 굽은 물길 부르르 몸 떨며 무너져 내린다
>
> 바위에 부딪힌 물 낙영산 밤하늘로 별 튕겨 올린다
>
> —「여름 화양동」 전문

화양동의 여름밤 풍경이 선명하고 유머러스하게 떠오른다. "밤이 되자 약속처럼 사랑산 위로 보름달 떴다"(기), 그 보름달은 뒷물하는 여자의 "달보다 더 흰 엉덩이"(승)를 부른다. "약속처럼"과 "사랑산"이 우주와 인간의 몸 나누기를 위해 절

묘하게 선택된 언어라는 것이 밝혀진다. 기울고 차는 달의 기운은 조수의 흐름을 바꿀 뿐만 아니라 약 75%를 차지하는 인체 속 수분에도 영향을 미친다. 여성의 몸을 달뜨게 하고 뒷물을 하게 한다. 그 소리는 잠을 잘 이루지 못하는 "긴 화양동 굽은 물길"마저 "부르르 몸 떨며 무너져 내"리게 한다(전). 에로티시즘이 인간뿐 아니라 자연에도 연쇄적으로 작동하는 장면이다. 그 응답이 바로 낙영산 위로 튕겨 올리는 별(결)이다. 천지간에 작동하는 에로티시즘을 천상에서 지상으로, 다시 지상에서 천상으로 화답하는 형식으로 구성되었다. 이 왕성한 성애(性愛)와 육체의 생기는 필연적으로 노쇠를 동반하기도 한다.

개심사 돌계단 옆 능수벚나무

초파일 기다려 꽃 피우려다

요실금처럼 아랫도리에 찔끔 흘려버린, 연둣빛 청벚꽃 몇 점

어쩔거나,

이 봄날 숨 막히는, 저 아찔한 화두!

—「개심사 청벚꽃」 전문

의지와 상관없이 흘려버리는 오줌처럼 "개심사 돌계단 옆 능수벚나무"의 몸은 때를 맞추지 못하고, "연둣빛 청벚꽃 몇 점"을 찔끔 아랫도리에 흘려버린다. 자연에서 발견되는 이 노쇠의 생리가 괄약근이 늘어지는 중년 이후의 인간에게도 적용되는 것은 물론이다. 때 이른 개화와 낙화가 "아찔한 화두"를 던진다. 인간의 일과 자연의 일이 섞이고, 아름다움과 에로티시즘이 자연스럽게 결합된다. 이렇듯 이구락의 5행시는 정적인 아름다움을 배격한다. 그가 가는 곳, "돌부처 하나 달려 나와 우리를 보고 맞절"하지만, "무릎 아래로 지나가는 바람"이 "또 빈방 하나 내어"주기에 "큰물 지는 팔월"이라도 그는 "또 북으로"(「북행」) 가는 것이다. 시 「북행」은 지칠 줄 모르는 시적 열정을 예표하는 시다. 그는 고인 곳에 안주하지 않는다. 끊임없이 탈주하고 갱신하려 한다. 그 끝에 길이 있음은 물론이다.

3. 이미지의 역동성과 파격, 그리고 에네르기

원시인들이 의식의 재료인 조수, 과실, 어패 따위를 주거인 굴혈로 운반하기 위해 반복 통행하면서 생긴 발자취라는 길,

길 위에서 인간은 미간을 모으고 골똘히 사색을 하고 꿈을 꾼다. 벽화와 조각, 음악, 시들이 그 산물로 얻어졌다. 이 시 역시 그렇게 얻어졌다.

연어처럼 물의 길 거슬러 올라간다

폭포 지나, 서로 뿌리 움켜잡고 길을 막는 산죽밭 지나

함박꽃 아래 놓인 징검다리에서 계곡은 나를 버린다

물소리 끊어지자 길은 환한 적막강산 열어 하늘로 올라가고

칠보는 바위 속에 숨고 다시 구름으로 가려 버린다

—「칠보산 가는 길」 전문

2017년에 발간된 시집 『꽃댕강나무』에서 9행이던 시가 5행으로 탈바꿈되었다. 그만큼 가파르고 질문의 방식은 깊어지고 절망의 몸짓마저 담겨 있다. 놀라운 일이 아닌가? 혼신의 힘을 다해 '칠보'를 찾으러 "연어처럼 물의 길 거슬러 올라"(기)갔는데, "칠보는 바위 속에 숨고 다시 구름으로 가려 버"리는 결구를 만났으니! 이렇듯 길은 우리를 도저한 절망에

이르게 한다. 그 이전에도 화자는 “폭포”를, “서로 뿌리 움켜잡고 길을 막는 산죽밭”을 지나는(승) 험난한 통과의례를 거친다. 마침내 화자가 가는 길이 “환한 적막강산 열어 하늘로 올라가” 버리는(전) 낭패를 당하기까지 한다. ‘칠보’는 불교의 여러 경전에 등장하는 일곱 가지 보배이면서, 화자가 충북 괴산의 계곡을 새벽 산책으로 거닐어본 산 앞에 붙은 이름이기도 하다. 그러나 등정도 진리의 현현도 그리 호락호락하지가 않다. 스스로 바위에 숨어버리고, 타자인 구름마저 그것을 가려 버리는 것이다. 그리하여 이 시는 진리 찾기 과정의 어려움이라는 하나의 화두를 우리에게 제시한다. 5행시의 진폭은 이렇듯 가늠하기가 쉽지 않다. 역시 ‘길’ 위의 시 한 편을 인용한다.

산으로 올라간 길 하늘로 들어가고

구름 대문 열고 하늘로 들어가고

뒤따라가던 길 하나 머뭇거리다 계곡으로 숨어든다

이윽고, 오래 잊힌 기별인 양

하늘에서 첫눈이 내려왔다

—「첫눈」 전문

「칠보산 가는 길」과 방향성은 크게 다르지 않지만 엔딩 부분에서 하늘이 새로운 답을 시적 화자에게 제시하고 있다는 점이 웅숭깊다. 이 시는 1, 2, 3행을 기승전으로, 4, 5행을 결로 보아도 무방하겠다. 이 시에서도 길은 화두에 다름 아니다. 시적 화자는 첫 행부터 난감한 상황이다. 지금까지 밟고 온 길이 바야흐로 숨거나 다른 세계로 진입하고 있어 위태로운 실존을 맛보고 있기 때문이다. 눈앞에서 길은 "산으로 올라"가다 "구름 대문 열고 하늘로 들어가고" 있다. 닭 쫓던 개 지붕 쳐다보는 격이라 할까? 화자의 시선은 "뒤따라가던 길"을 향하는데, 그 길마저 "머뭇거리다 계곡으로 숨어든다". 딛고 가야 할, 따라가야 할 길이 사라지는 진퇴양난에 화자는 선다. 그때, 눈앞의 길에 붙들린 화자에게 "오래 잊힌 기별"이자 한 소식인 "첫눈이" 하늘에서 내려오는 것이다. 한쪽으로 향하던 시선을 뚫고 다른 방향에서 온 기별, 그 첫눈은 화자에게 '길이 저렇게도 내려올 수 있구나' 하는 오성을 일깨워주었던 것. 눈앞의 길을 찾았던 시인에게 구원은 예측할 수 없는 다른 방향에서 온다는 계시가 아니고 무엇이겠는가. "바위 속에 숨고 다시 구름으로 가려 버린" 칠보가 그 형상을 보이는 형국이다. 하늘과 땅의 대비 뒤에 오는 일체감! 그런 점에서 이 시는 정격에 대한 파격이다. 이는 진리의 또 다른 개진

이라 할 수 있다. 같은 방향성을 갖춘 또 한 편의 시!

> 돌담에 기댄 노구 일으켜 세우며
>
> 늙은 매화가 내보인 빛깔이다
>
> 선홍의 저 화엄 세계는 어디서 왔는가
>
> 혼자 졸던 동백이 구경삼아 내다보는, 화엄사 흑매
>
> 봄날 노고단 아래서 벌어지는 한때의 야단법석
>
> —「야단법석」 전문

야단법석(野壇法席)은 야외에서 크게 베푸는 설법의 자리다. 그 말이 질서가 없고 시끌벅적하고 어수선하게 된 상태를 가리켜 일상에서도 자주 쓰인다. 이 시는 그것을 활용하면서 은근히 진리를 개진한다. 1, 2행이 기라면 3행이 승, 4, 5행이 각각 전과 결이다. "돌담에 기댄 노구"가 무슨 화두처럼 빛깔을 내보인다. 그것은 검은빛이 돌 만큼의 붉은색. 시인은 그것을 "선홍의 저 화엄 세계"라 칭한다. 그 빛은 "혼자 졸던 동백이" 눈을 뜨고 볼 만큼 환하고 붉다. 사람이야 일러 무엇 하겠는가? 그것을 친견하러 온 사람들이 야단법석이다. 여기에는 이 눈부신 홍매 한 그루가 곧 부처님이라는, 그것도 "돌담에 기댄 노구 일으켜 세우"는 인간미마저 띤 부처님이라는 인식이다. 그리하여 각황전 법당 참배를 생략한 사람들이 법당 밖에서 야단법석을 펼치는 홍매에 구름처럼 인파로 들끓는다. 홍매가 그들의 부처님이기 때문이다. 자연이 펼쳐주는 강렬한 떨림으로 다가오는 이 색채감이 "화엄 세계"의 상징이다. 그러니 "봄날 노고단 아래서 벌어지는 한때의 야단법석"이 신성한 예식이 아니고 무엇이겠는가?

겨울 산이 울면 눈이 내린다

겨울 산에 눈 내리면 밤이 길다

긴 겨울밤 눈에 갇혀 산사(山寺)는 열반에 들고

풍경 홀로 얼지 않고 밤새도록 염불 왼다

달빛이 눈 위에다 그걸 받아쓰고 있다

—「달빛 경전」 전문

20년 전에 쓴, 첫 5행시 작품이다. 1행은 기, 2, 3행은 승, 4행은 전, 5행이 결에 해당한다. 이구락에게 자연과 우주는 모두 살아있는, 그리고 서로 내적 화음을 가진 존재들이다. 시인은 이를 "겨울 산이 울면 눈이 내린다"고 쓴다. 겨울 산의 울음에 하늘이 눈으로 울음을 덮어준다는 의미일 것이다. 한 밤 내내 내리는 그 눈은 긴 밤을 만든다. 시적 화자가 불면의 밤을 보내고 있다는 전언을 하고 싶었던 걸까? 그러나 놀라워라, 시인은 "긴 겨울밤 눈에 갇혀 산사(山寺)는 열반에 들고"라는 파격의 표현을 쓴다. '갇혀'와 '열반'이 특히 그렇다. '열반'은 폭설로 인한 절의 죽음이라는 유머와 함께 절대고요를 표현한 말로 읽힌다. 그래야 "홀로 얼지 않고 밤새도록 염불" 외는 풍경이 강조되기 때문이다. 그걸 또 "달빛이 눈 위에다" 받아쓰고 있는 것이 경전이라는 것이다. 여기서 우리는 주객이 전도된 새로운 미적 현실을 볼 수 있다. 염불을 외야 하는 절이 잠들고 그냥 있어도 될 사물(풍경)과 자연(달빛)이 불심이 가득하게 말씀을 외고 경전을 쓰는 유쾌한 현실 말이다. 달빛이 염불(풍경 소리)을 눈 위에다 밤새도록 받아쓰는 산사의 겨울밤이라는 하나의 이미지! 시어가 유머를 가지면서 시상도 새로워지고 경직성도 보기 좋게 깨어졌다.

가파른 언덕배기마다 우우우 몰려나와 아우성치던 매화

눈 덮인 지리산 흰 머리채 잡아당기더니

냅다 시린 강물에 패대기치며, 제 힘에 겨워 함께 뒹구는

이월의 마지막 날 대낮이렸다

부르르 몸 떨며, 어질어질 꽃멀미 하는, 저 섬진강

—「매화꽃 멀미」 전문

최근 우리 시단에서 이처럼 폭발적인 에너지를 가진 시를 찾기는 쉽지 않을 것이다. 1행은 기, 2, 3행이 승, 4행이 전, 5행이 결에 해당한다. 1행 "우우우 몰려나와 아우성치던 매화"는 마치 사내 혹은 늑대의 격렬한 울음을 연상시킬 정도로 맹렬하고 거칠다. 2, 3행은 또 어떤가? 마치 다른 희생물의 껍데기를 거칠게 벗기어내는 공격성으로 "눈 덮인 지리산 흰 머리채 잡아당"겨, 그 팔의 근육으로 시린 강물에 패대기치며, 그 힘과 설움에 겨워 씩씩거리며 함께 뒹구는 형상이 장사의 그것을 닮았다. 매화와 눈 덮인 지리산의 거리를 무화시켜 역동성의 큰 흐름으로 5행 안에서 잡아내는 것, 이게 이구락 시인의 5행시의 힘이다. 이른 봄("이월의 마지막 날") 눈과 매화꽃이 뭉텅이째 강물에 떨어져 물살에 실려 가는 형상을 시인은 매화가 지리산의 머리채를 잡아당겨 패대기치는 상상력으로 육화시킨 것이다. 이 시는 또한 이런 근육질의 억센 동작에

색채감을 결합하여 한 폭의 선명한 그림으로 시선을 끈다. 분홍(매화)과 흰색(흰 머리채), 그리고 가시광선(대낮)이 대비를 이루다가 마침내 방향을 바꿔 푸른색(강물)으로 합류하는 선명한 그림이다. 꽃멀미는 꽃 이파리들의 뜨거움에 몸을 데인 강의 어지러움. 이 흐름에 봄이 끓어 넘치기 시작한다. 그냥 눈 녹고 매화가 강에 떨어지는 상황으로 묘사했을 때와는 비교가 되지 않는 에너지의 폭발이다.

이구락의 오행시편은 최근 들어 부쩍 수다스러워지고 독해가 쉽지 않은 시들과는 분명히 대비되는 차별성을 보여준다. 자수를 고정하지 않고 정서에 맞는 흐름으로 행마다 높낮이와 길이를 조절하는 개성적인 호흡을 실은 문체, 모호하지 않으면서도 오히려 모던한 자기 세계, 무엇보다 흔들리지 않는 초점 속에 단순함이 만들어내는 이미지의 충격과 파장으로 우리 시단에서 새로운 시 형식의 출현을 알리는 신호탄을 쏘아 올렸다고 생각한다. 20년간의 공력이 담긴 이 시집이 큰 울림으로 독자들에게 다가가기를 바라마지 않는다.

시인동네 시인선 190

이구락의 오행시편

초판 1쇄 인쇄 2022년 11월 17일
초판 1쇄 발행 2022년 11월 24일
지은이 이구락
펴낸이 김석봉
디자인 헤이존
펴낸곳 문학의전당
출판등록 제448-251002012000043호
주소 충북 단양군 적성면 도곡파랑로 178
전화 043-421-1977
전자우편 sbpoem@naver.com

ISBN 979-11-5896-570-9 03810